L'AGE DE LA PIERRE

ET

L'AGE DU BRONZE

EN TROADE ET EN GRÈCE

DU MÊME AUTEUR

ÉTUDES PALÉOETHNOLOGIQUES OU RECHERCHES GÉOLOGICO-ARCHÉOLOGIQUES SUR L'INDUSTRIE ET LES MŒURS DE L'HOMME DES TEMPS ANTÉHISTORIQUES DE L'AGE DE LA PIERRE DANS LE NORD DU DAUPHINÉ ET LES ENVIRONS DE LYON. Lyon, 1867. 1 vol. gr. in-4°, avec planches.

NOUVELLES ÉTUDES PALÉOETHNOLOGIQUES . Lyon, 1868. Brochure grand in-4° avec planches.

NOTICE HISTORIQUE SUR LA VIE ET LES TRAVAUX DE J. J. FOURNET, PROFESSEUR A LA FACULTÉ DES SCIENCES DE LYON, CORRESPONDANT DE L'INSTITUT. Lyon, 1870.

RAPPORT A M. BELGRAND, PRÉSIDENT DE LA SOCIÉTÉ GÉOLOGIQUE DE FRANCE, SUR LE TRACÉ D'UNE CARTE GÉOLOGIQUE DU TERRAIN ERRATIQUE ET SUR LA CONSERVATION DES BLOCS ERRATIQUES DE LA PARTIE MOYENNE DU BASSIN DU RHONE, par MM. Albert Falsan et Ernest Chantre. Paris, 1869.

LES PALAFITTES OU CONSTRUCTIONS LACUSTRES DU LAC DE PALADRU, PRÈS VOIRON (ISÈRE). Une brochure in-4° et un album in-folio de 14 planches. Chambéry et Grenoble, 1871.

LE MÊME. Deuxième édition, in-folio et in-8. Lyon. 1874.

DÉCOUVERTE D'UN TRÉSOR DE L'AGE DU BRONZE, A RÉALON (HAUTES-ALPES). In-8, avec planches. Annecy, 1872.

NOTE SUR LA FAUNE DU LEHM DE SAINT-GERMAIN AU MONT-D'OR (RHONE) ET SUR L'ENSEMBLE DE LA FAUNE QUATERNAIRE. (*Compte rendu de l'Académie des Sciences,* 23 décembre 1873.)

L'AGE DU BRONZE DANS LE BASSIN DU RHONE ET PASSAGE DE L'AGE DU BRONZE AU PREMIER AGE DU FER. In-8° avec planches. (Extrait du *Compte rendu du Congrès international d'anthropologie et d'archéologie préhistoriques de Bologne,* 1871.)

ÉTUDES PALÉONTOLOGIQUES DANS LE BASSIN DU RHONE (PÉRIODE QUATERNAIRE), par MM. le Dr Lortet et E. Chantre. (*Archives du Muséum d'histoire naturelle de Lyon.* In-4° avec 15 planches. Lyon, 1873 et 1874.)

LES FAUNES MAMMALOGIQUES TERTIAIRES ET QUATERNAIRES DU BASSIN DU RHONE. (*Extrait du Compte rendu de la deuxième session de l'association française pour l'avancement des sciences.* Lyon, 1874.)

CARTE ARCHÉOLOGIQUE D'UNE PARTIE DU BASSIN DU RHONE, POUR LES TEMPS PRÉHISTORIQUES A L'ÉCHELLE DE $\frac{1}{864000}$ Lyon, 1874.

ÉTUDES PALÉOETHNOLOGIQUES DANS LE BASSIN DU RHONE. — AGE DU BRONZE. In-4, avec un album in-folio. (*Sous Presse.*)
—— PREMIER AGE DU FER. In-4, avec album in-folio. (*En préparation.*)

LYON. — IMP. PITRAT AINE, RUE GENTIL, 4.

L'AGE DE LA PIERRE

ET

L'AGE DU BRONZE

EN TROADE ET EN GRÈCE

PAR

ERNEST CHANTRE

LYON

H. GEORG, LIBRAIRE-ÉDITEUR,

65, RUE DE LYON

MÊME MAISON A GENÈVE ET A BALE

1874

L'AGE DE LA PIERRE

ET

L'AGE DU BRONZE

EN TROADE ET EN GRÈCE

Il est généralement reconnu maintenant que la plupart des peuples ont passé, dans leur période d'enfance, par les mêmes vicissitudes industrielles : chez les populations, quelque barbares qu'elles fussent, on a remarqué un mouvement ascensionnel constant dans leur industrie, à toutes les époques, même dans les temps les plus reculés.

Partout où on a fait des recherches, dans l'ancien monde principalement, on a trouvé des débris de l'âge de la pierre, toujours à la base de toutes les autres ruines. Sur un grand nombre de points, on a recueilli, superposés à cette civilisation rudimentaire, des restes de l'époque pendant laquelle le bronze a été exclusivement employé pour la fabrication des armes et des outils ; et dans beaucoup de contrées on a fait des découvertes qui permettent d'affirmer que le fer n'a été connu qu'après le bronze. Cette succession régulière des trois âges de la pierre, du bronze et du fer, est admise par la plupart des archéologues.

Les fouilles récentes de M. Schliemann dans la Troade et les recherches persévérantes de M. Finclay en Grèce. dont j'ai pu étudier les intéressants produits à Athènes, au mois d'octobre 1873, en compagnie de MM. le Dr Lortet, A. Chabrières et Fontannes démontrent surabondamment qu'antérieurement aux temps d'Homère, les peuples de ces régions ignoraient encore l'emploi du fer.

Les auteurs de l'antiquité donnent peu ou point de renseignements sur ces temps primitifs. Hérodote [1] toutefois, en décrivant les Éthiopiens de l'armée de Xerxès lorsqu'il envahit la Grèce, dit : « qu'ils étaient vêtus de peaux de léopards et de lions et que leurs armes se composaient de branches de palmiers, longues de quatre coudées au moins, et de longues flèches de canne à l'extrémité desquelles était, au lieu de fer, *une pierre pointue.* »

Les Sarmates, d'après Pausonias [2], n'ont pas d'armes en fer, mais ils mettent à leurs lances des pointes d'os.

GRÈCE

AGE DE LA PIERRE

Il y a à peine quatre années que les premières recherches préhistoriques ont été commencées en Grèce et déjà plusieurs

---

[1] *Histoire d'Hérodote,* l. V, c. LXI et LXIX.
[2] Pausonias, *In Atticis,* l. I.

collections importantes d'objets en pierre ont été réunies. M. Burnouf, directeur de l'École française d'Athènes, M. le professeur Roussopoulos et le Musée d'Athènes ont acquis un très-grand nombre de ces antiquités.

M. George Finelay publiait en 1869 un mémoire sur les haches en pierre qu'il avait su découvrir au nombre de trente-deux. Ce travail, accompagné de planches et traduit en grec, fut répandu par lui non-seulement dans le royaume hellénique, mais en Thessalie, en Épire, dans tous les pays d'Orient où le grec est compris. M. Finelay s'adressait aux instituteurs, il espérait leur montrer l'importance de ces recherches de manière à les intéresser et à les engager à récolter ces antiquités jusque-là inconnues de tous. Ces espérances se sont réalisées et, depuis l'époque de sa publication, M. Finelay a pu réunir plus de quatre cents échantillons d'armes en pierre.

M. A. Dumont a décrit cette belle collection dans les *Matériaux pour l'histoire primitive de l'Homme*. Nous avons nous-même donné quelques détails sur ces découvertes dans le même recueil [1], en décrivant une série d'objets en pierre que nous avons rapportés d'Athènes, M. le Dr Lortet et moi, pour le Muséum de Lyon [2].

Les instruments en pierre de la Grèce se rapportent à deux types principaux : les pointes et les lames tranchantes, puis les haches et les marteaux ; ceux-ci sont faits de roches dures analogues à celles qui ont été employées dans toute l'Europe. Ce sont des Jadéites, des Serpentines, des Jaspes, des Quartzites, des Aphanites, des Diorites, des Amphibolites et des Syénites. Les pointes et les lames tranchantes sont faites d'obsidienne : cette roche, particulière à l'île de Milo, remplace en partie, dans

---

1 Toulouse, mai 1872 et janvier 1874.
2 Mission scientifique en Grèce et en Syrie, septembre et octobre 1873.

toute la Grèce et les Cyclades, le silex qui s'y trouve très-rare-
ment.

Presque toutes les parties de la Grèce et toutes les îles de
l'Archipel ont fourni des haches en pierre : l'Attique, le Péloponèse et l'île d'Eubée sont les points cependant où il en a été
trouvé un plus grand nombre.

Les haches en pierre que nous avons acquises en Grèce sont
faites de roches de nature différente et viennent de contrées fort
diverses.

Le tableau suivant résume leur provenance :

SERPENTINES. . Mégare, Corinthe, Delphes, Kléone, Karisto et Attique.
JADÉITES. . . Thèbes, Crisia, Laconie et Attique.
DIORITES. . . Kléone. Amphycia, Mégare et Sparte.
AMPHIBOLITES . Lemnos, Kléone, Achaïe, Péloponèse et Attique.
SYÉNITES . . Mycène.

Les formes des haches de la Grèce sont à peu près les mêmes
que celles de l'Europe centrale : elles affectent cependant une
forme un peu plus ovoïde ; elles sont moins plates que celles
que nous rencontrons dans les régions des Alpes et des Pyré-
nées.

Leur grandeur varie considérablement ; les unes atteignent
20 centimètres de longueur sur 4 à 5 centimètres de largeur,
et elles n'ont guère que 1 centimètre d'épaisseur ; la plupart ont
4 à 6 centimètres de longueur et 3 à 5 centimètres de largeur.

Toutes les antiquités de pierre trouvées jusqu'ici en Grèce
se rapportent à la période de la pierre polie, aucune découverte ne permet encore de reconnaître des traces de l'époque
de la pierre taillée quaternaire, dont nous trouvons en Italie,
en France, en Belgique et ailleurs de si curieux vestiges, asso-
ciés à des faunes éteintes ou émigrées.

AGE DU BRONZE

L'industrie du bronze paraît avoir remplacé en Grèce celle de l'âge de la pierre comme dans les autres pays; les débris de cette civilisation sont rares dans les collections de cette contrée. Il est vrai que les recherches n'ont pas encore été très-nombreuses, et il est probable aussi que les populations qui ont succédé ont pu transformer en pièces artistiques cet alliage relativement précieux à toutes les époques. M. Roussopoulos, professeur d'histoire à Athènes, avait réussi à recueillir quelques armes

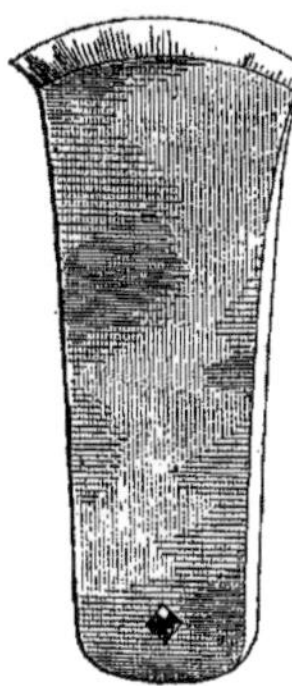

Fig. 1

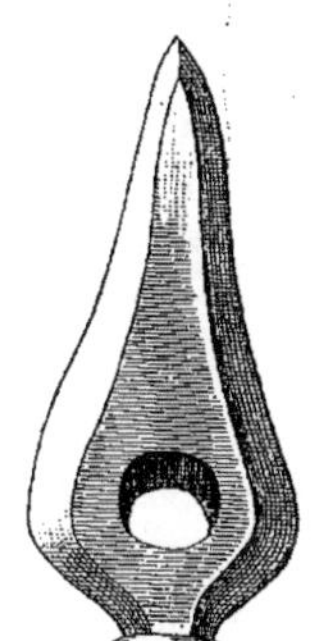

Fig. 2.

et quelques ustensiles en bronze; ils font partie maintenant du musée de Copenhague[1]. Ce sont des haches, des couteaux, des

[1] M. Worsaae a déjà décrit en partie ces antiquités, en 1872, dans : *Aarboger for Nordisk Oldkyndighes og Historie, Udgivne af det Kongelige Nordiske Oldskrift-Selskab*, 1872. Fjerde Hefte. Kjobenhavn i commission i den gyldendalske boghandel. Thieles bogtrykkeri.

glaives et des lances provenant surtout des environs d'Athènes et du Péloponèse.

Les haches qui ont été trouvées le plus communément appartiennent à quatre types. Les unes sont de simples coins de grandeur et d'épaisseur différentes, c'est la forme la plus rudimentaire et c'est celle aussi que l'on trouve presque partout (fig. 1); d'autres ressemblent à nos cognées actuelles en fer

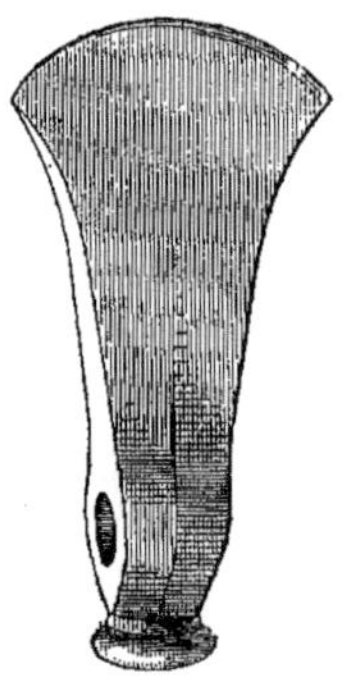
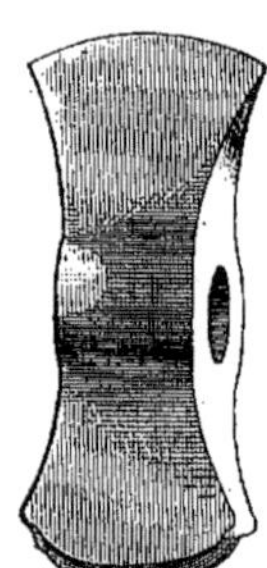

Fig. 3.   Fig. 4.

pourvues d'une douille (fig. 2), quelques pièces se rapportant à ce type sont un peu plus larges dans la partie opposée au tranchant, elles sont de plus surmontées d'une masse arrondie (fig. 3). Le type le plus fréquent offre les mêmes caractères que les précédents, mais il présente deux tranchants (fig. 4). Un autre type enfin, qui paraît propre à l'Italie méridionale, se rencontre en Péloponèse ; nous en avons rapporté un exemplaire, c'est une sorte de spatule dont la partie supérieure est formée par deux oreillettes pour l'emmanchement.

TROADE

AGE DE LA PIERRE ET AGE DU BRONZE

Le sol de la Troade, si riche en souvenirs historiques a été étudié par un grand nombre d'archéologues aussi bien que celui de la Grèce dans l'antiquité, sa rivale. Mais ce n'est que depuis les travaux de M. Schliemann que l'attention a été appelée sur les vestiges du temps où la pierre et le bronze furent seulement employés pour la fabrication des armes et des outils. En effet, dans les fouilles opérées par cet intrépide explorateur dans le but de rechercher les ruines de Troie, les armes et les outils en pierre et en bronze ont été trouvés en très-grande quantité.

Avant de parler des résultats des fouilles de M. Schliemann, je résumerai brièvement l'état de la question troyenne.

Les historiens modernes s'accordent à reconnaître comme exacte l'indication du poëte pour la contrée que l'on doit appeler Troade : c'est bien dans le voisinage des Dardanelles, autrefois l'Hellespont, qu'était la fameuse cité de Troie, si elle a jamais existé. Mais, pour la désignation de l'emplacement qu'elle occupait, aucune ruine importante n'étant apparente, il n'en a pas été de même : tour à tour, Hissarlik et Bounard-Bachi ont eu l'honneur d'être désignés comme le véritable site de la ville homérique.

De nos jours, MM. John Lubbock, de Haln et Schliemann

ont enfin tenté d'éclairer d'une façon décisive cette question si intéressante.

Les résultats négatifs des fouilles opérées par ces savants à Bounard-Bachi ou Ilium-Novum ont démontré que sur ce point il n'existait aucun vestige de civilisation, et qu'il fallait jeter ses vues sur Hissarlik ou Ilium-Antiquum. Les fouilles exécutées sous la direction de M. Schliemann dans cette localité, de 1870 à 1873, semblent prouver qu'Hissarlik est le site véritable de la ville de Troie, ainsi que l'avaient indiqué les auteurs de l'antiquité.

Sans vouloir décrire, même sommairement, les fouilles de M. Schliemann, je rappellerai seulement, en quelques mots, comment il a pu donner à ces recherches toute l'importance qu'elles ont acquise. « Pendant les trois ans qu'ont duré les travaux, n'abandonnant le terrain que pendant la saison des fièvres, ce savant, dont la fortune égale le zèle pour la science, a occupé jusqu'à cent cinquante ouvriers, et la somme qu'il y a consacrée approche de 200,000 fr. [1]. »

Le nombre des antiquités que M. Schliemann a retirées des ruines d'Hissarlik est considérable, elles se comptent par milliers et leur variété est très-grande. Ne voulant m'occuper ici que de celles qui se rattachent aux industries primitives du bronze et de la pierre, je renvoie le lecteur au travail important que M. Schliemann vient de publier sur ses fouilles. C'est une sorte de journal écrit jour par jour sur les lieux mêmes avec les plus grands détails [2].

L'argile, l'os, la pierre, le bronze et peut-être le cuivre sont les matières qui ont été employées par les habitants d'Hissarlik

---

[1] Burnouf, *Revue des Deux Mondes*, décembre 1873.

[2] *Antiquités Troyennes*, Rapport sur les fouilles de Troie. In-8, avec un atlas de 00 planches photographiées. Leipzig, Brockaus; et Paris, Maisonneuve et Cie, 1874.

pour la fabrication des armes et des ustensiles d'usage journalier.

Les instruments en pierre sont de beaucoup les plus nombreux : ce sont d'abord des lames ou couteaux en silex et en obsidienne, des racloirs, des grattoirs, des perçoirs et des scies faits des mêmes roches ; ensuite des meules dormantes, des mortiers et des marteaux en pierre dure, puis des ciseaux et des centaines de haches polies, analogues à celles que l'on trouve dans toute l'Europe.

Ces outils ont absolument les mêmes formes et sont faits des mêmes roches que ceux qui ont été découverts en Turquie, en Grèce et dans les îles de l'Archipel : ce sont des diorites et des serpentines principalement.

Quant aux armes et aux ustensiles en bronze indiqués par M. Schliemann comme étant de cuivre, d'après les analyses d'un ancien chimiste du roi Othon, ils sont moins nombreux que ceux de pierre, mais leurs formes sont très-variées : on remarque des haches, des faucilles, des couteaux, des glaives, des poignards et des lances, puis un bouclier, des épingles, des bracelets, des pendants d'oreilles, des anneaux, etc.

Dans leur ensemble, ces objets rappellent la civilisation des palafittes des lacs suisses, du lac du Bourget (Savoie), et des *terramare* de l'Italie ; aussi, en visitant la collection de M. Schliemann, tout me portait à croire que la composition de ces antiquités devait être rapportée au bronze. Les analyses qu'a bien voulu faire récemment, sur ma demande, M. Damour, de Paris, membre correspondant de l'Institut de France et connu de tous les archéologues par ses belles recherches sur la composition des armes préhistoriques en pierre et en bronze, viennent confirmer mes présomptions : la plus grande partie, au moins, des objets métalliques d'Hissarlik, sont en bronze et leur composition est à peu près la même que celle des bronzes gaulois.

Voici les résultats des analyses que M. Damour a pu faire d'après les échantillons que M. Schliemann nous a envoyés à notre retour d'Athènes par l'obligeant intermédiaire de M. Burnouf.

Nous avons nous-même, dit M. Burnouf dans sa lettre, au moyen d'un foret, pris du métal dans l'intérieur des pièces les plus épaisses et les mieux conservées. Je vous en envoie ci-inclus quatre échantillons :

Le numéro 1 me paraît être manifestement du bronze ; la hache d'où il provient est de la couche supérieure, qui est hellénique, mais pourrait avoir été remaniée dans les anciens temps par quelque ouvrier ; elle a été trouvée à 1 mètre de profondeur.

Le numéro 2 vient de 4 mètres et le numéro 3 de 8 mètres 1/2 de profondeur ; ils étaient accompagnés d'objets dont beaucoup ont de l'analogie avec ce que nous avons trouvé à Santorin. Or, vous savez que nous possédons de cette île une faucille de cuivre pur ; c'est le seul objet de métal qu'on y ait trouvé jusqu'ici.

Le numéro 4, qui est aussi des grandes profondeurs, nous intrigue beaucoup. C'est un objet en forme d'olive, mais plus gros ; il est plus léger qu'un métal quelconque sauf l'aluminium, ce qui s'oppose à ce qu'il ait servi comme balle de fronde, tout l'extérieur est vert-de-grisé, ce qui indique du cuivre. L'ayant gratté sur un point, nous l'avons trouvé noirâtre avec un bel éclat métallique. C'est de cette partie décapée qu'au moyen d'un foret nous avons extrait cet échantillon.

N'est-ce pas de l'oxydule de cuivre ? Il me paraît que c'est le métal appelé dans Homère υρανος et dont on ne connaît pas encore la nature. C'est donc une découverte à faire.

N⁰ 1.	0gr,3020		
A déduire : sable mélangé	0	0160	
Matière employée	0	2860	
			en 10,000ᵉˢ
Cuivre	0	2740	= 0,9580
Étain.	0	0110	= 0,0384
Fer et plomb (traces)	»		»
	0	2850	= 0,9964

```
N° 2. . . . . . . . . . . . . . .   0gr,2970
A déduire : sable mélangé . . . . . . .   0   0020
                                          ─────────
Matière employée . . . . . . . . . .   0   2950
                                          ═════════
                                                        en 10,000es
                                                        ───────────
Cuivre . . . . . . . . . . . . . . .   0   2675   =   0,9067
Étain. . . . . . . . . . . . . . . .   0   0255   =   0,0864
Fer et plomb (traces). . . . . . . .      »            »
                                          ─────────    ───────────
                                       0   2930   =   0,9931
                                          ═════════    ═══════════


N° 3. . . . . . . . . . . . . . .   0gr,5280
A déduire : sable mélangé . . . . . .   0   0070
                                          ─────────
Matière employée . . . . . . . . .   0   5210
                                          ═════════
                                                        en 10,000es
                                                        ───────────
Cuivre . . . . . . . . . . . . . . .   0   4810   =   0,9232
Étain. . . . . . . . . . . . . . . .   0   0385   =   0,0739
Fer et plomb (traces). . . . . . . .      »            »
                                          ─────────    ───────────
                                       0   5195   =   0,9971
                                          ═════════    ═══════════


N° 4 Matière employée. . . . . . . .   0gr,2410
                                                        en 10,000es
                                                        ───────────
Soufre . . . . . . . . . . . . . . .   0   0470   =   0,1950
Cuivre . . . . . . . . . . . . . . .   0   1920   =   0,7966
Fer . . . . . . . . . . . . . . . .    0   0002   =   0,0008
Sable quartzeux. . . . . . . . . . .   0   0005   =   0,0020
                                          ─────────    ───────────
                                       0   2397   =   0,9944
```

Ce sulfure de cuivre est désigné, en minéralogie, sous le nom de *chalkosine*. On le rencontre, à l'état compacte ou cristallin, dans les mines de la Bohême, de la Silésie, du Banat, de la Sibérie, du Cornwal, d'Espagne, d'Amérique, etc. Il a dû se trouver aussi dans les mines des contrées du Levant, qui furent exploitées dans les temps antiques. L'objet en forme d'olive, dont on a extrait quelques parcelles pour l'analyse ci-dessus mentionnée, a pu être taillé dans un morceau de sulfure naturel.

On pourrait attribuer aussi son origine à ce que nous appelons une *épigénie*. Un morceau de cuivre métallique, demeurant en contact plus ou moins longtemps avec des matières sulfureuses, peut se transformer, lentement et par une sorte de cémentation, en sulfure de cuivre. Certaines patines antiques sont formées par un mélange d'oxydule, de carbonate, de chlorure et de sulfure de cuivre.

Les nombres énumérés dans ces analyses ne doivent être considérés que comme approximatifs vu la faible quantité de matière sur laquelle M. Damour a pu opérer.

Il est fort regrettable que l'on n'ait pas eu plus de substances à analyser, de manière à pouvoir opérer plus facilement ; malgré cela, on voit que les habitants d'Hissarlik avaient reçu le même alliage que celui qui est arrivé dans le centre de l'Europe. Au reste, le point de départ de l'importation du bronze semble être unique, et il pourra se retrouver probablement dans le centre de l'Asie ; les recherches des archéologues et des linguistes tendent à prouver cette hypothèse pleine d'intérêt.

D'après MM. A. Maury et A. Bertrand, c'est au pied du Caucase qu'il faut chercher le centre du commerce du bronze dans ces temps reculés. De ce point, il aurait rayonné dans la presqu'île Cimbrique (Jutland) par la vallée du Dnieper, et sur les Alpes par la vallée du Danube. Il est probable aussi que cette civilisation a été introduite en Étrurie et en Grèce par la Perse et l'Asie-Mineure.

Ces régions auraient donc connu le bronze dès la plus haute antiquité et il n'est pas étonnant que les historiens n'en fassent presque jamais mention dans leurs récits.

On a trouvé à Ilium des preuves du développement de l'industrie du bronze ; comme dans les palafittes, on y a recueilli des lingots, des creusets et des moules de formes diverses. Quelques-uns des creusets ressemblent à ceux que l'on emploie de nos jours, d'autres ont la forme de petits entonnoirs ou de nacelles ; les moules sont en grès et en micaschiste, pareillement à ceux de nos stations européennes. Plusieurs ont des entailles sur toutes les faces : ces creux représentent la plupart des pièces en bronze que l'on a trouvées dans les fouilles

Les formes de ces objets sont, à peu de choses près, celles que l'on rencontre dans l'Europe méridionale ; cependant quelques pièces paraissent spéciales à cette contrée et à la Grèce : ce sont des haches à doubles tranchants verticaux et à douilles centrales d'une largeur de 25 centimètres en moyenne ; c'est la forme plus communément rencontrée à Athènes et en Péloponèse (fig. 5).

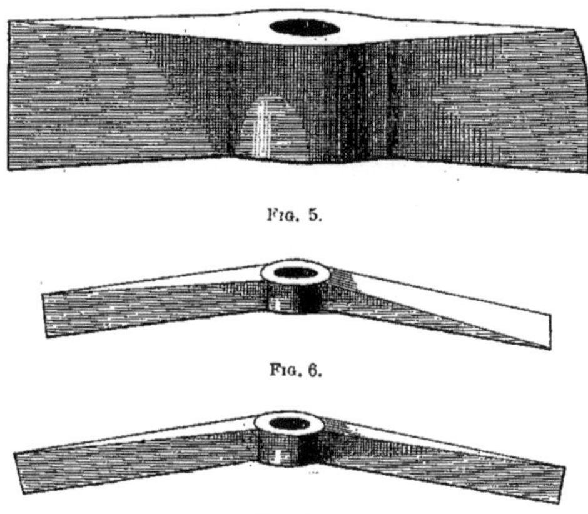

Fig. 5.

Fig. 6.

Fig 7.

Une autre pièce, paraissant propre à la Hongrie et au nord-est de l'Europe, a été également trouvée au milieu des ruines d'Ilium ; c'est une sorte de hachette ou d'erminette de même grandeur que la pièce précédente ; elle est également à douille centrale et à double tranchant, l'un est vertical, l'autre est horizontal (fig. 6) ; dans quelques pièces les deux tranchants sont verticaux (fig. 7).

Les industries de la pierre et du bronze se sont-elles développées simultanément à Ilium, comme paraissent le croire quelques archéologues ? S'y sont-elles développées successive-

ment, comme cela a eu lieu généralement dans tous les autres
pays où on a rencontré les vestiges de ces époques reculées,
ou, comme le prétend M. Schliemann lui-même, l'usage des
objets en pierre est-il postérieur à l'importation des métaux ?
C'est ce qu'il serait intéressant de rechercher et ce que pourra
peut-être apprendre l'étude des diverses couches de remblais
d'Ilium-Antiquum.

Le sol vierge n'a été atteint qu'à une profondeur de 16 mètres et six couches différentes ont été observées au-dessus.

M. Burnouf qui, après M. Schliemann, a le plus étudié la
question, reconnaît six époques successives dans cette épaisseur
de 16 mètres. La plus basse est d'une antiquité très-reculée ;
la seconde, faite de cendres et de terres brûlées, porte partout
les traces d'une immense incendie ; les maisons y sont de briques crues, elles avaient une enceinte puissante, un autel de
Minerve, un palais habité par un riche seigneur. La troisième
couche, formée de terre, renferme des maisons de pierres réunies avec de la boue. Il en est de même de la quatrième au-
dessus de celle-ci : une couche très-mince recèle des vases qui
semblent de provenance lydienne. La sixième couche est d'abord
grecque, archaïque, puis hellénique, des bonnes époques gréco-
romaines, et enfin impériale.

Il semble, suivant M. Burnouf, qu'entre l'époque ancienne
et l'établissement de la colonie grecque au septième siècle, il
se soit écoulé un long espace de temps, durant lequel ce lieu est
resté désert. De même, après la destruction de l'Ilium gréco-
romain, sous Constance II, la colline a cessé d'être habitée ; on
ne trouve à la surface aucun reste byzantin ni moderne.

De l'avis M. Schliemann, qui m'a très-gracieusement montré
sa collection pendant de nombreuses visites et qui m'a généreuse-
ment fourni tous les détails que je pouvais désirer sur ses inté-

ressantes découvertes, les instruments en pierre et les objets en bronze ont été trouvés indistinctement dans les deuxième et troisième couches ; cependant, la plus grande quantité des outils en pierre provient d'une profondeur de 7 à 10 mètres, tandis que les pièces métalliques, en cuivre ou en bronze ont été trouvées à 8 mètres et demi.

On est porté tout d'abord à croire que les habitants d'Hissarlik n'avaient eu connaissance des métaux que postérieurement à l'emploi exclusif de la pierre, comme cela a été observé dans tant de gisements, mais les affirmations de M. Schliemann, dont l'exactitude ne saurait être mise en doute par personne, tendent à démontrer que l'industrie de la pierre est postérieure, dans cette localité, à la connaissance des métaux et à toute une civilisation déjà élevée, surtout pour ce qui touche à la céramique.

Devant un fait si grave et unique jusqu'à présent, il est permis de se demander, avant de l'admettre définitivement, si, à Hissarlik, il n'avait pas pu se produire des remaniements dont l'effet aurait été de ramener les débris de la civilisation la plus primitive au-dessus des ruines d'une civilisation déjà avancée comme celle de l'âge du bronze.

Les fouilles si remarquables que M. le Dr Loydreau a entreprises, depuis plusieurs années, dans le camp de Chassey (Saône-et-Loire), offrent un exemple frappant de ces mélanges pouvant exister dans les stations de ce genre, que ce soient des cités ou des camps. La plus grande quantité des antiquités découvertes dans le camp de Chassey appartient à l'âge de la pierre polie, mais les peuples postérieurs à cette civilisation primitive, les hommes de l'âge du bronze, les Gaulois, les Romains et les Mérovingiens, ont tellement bouleversé le sol que l'on voit les débris de leur industrie, quelquefois mélangés à ceux de la pierre polie jusqu'au sol vierge, à 2 mètres de profondeur.

Je pourrais citer à l'infini des exemples de ce genre, on en rencontre à chaque pas dans les recherches préhistoriques.

Quoi qu'il en soit, des fouilles de M. Schliemann, il ressort un fait incontestable, c'est que les habitants d'Hissarlik n'ont pas employé d'autre métal que le bronze et que les formes des objets qu'ils ont fabriqués sont à peu près celles de toute l'Europe centrale.

Comme dans les palafittes, les fusaïoles se trouvent par milliers à Hissarlik, et beaucoup de vases ou plats offrent encore des ressemblances avec ceux des palafittes.

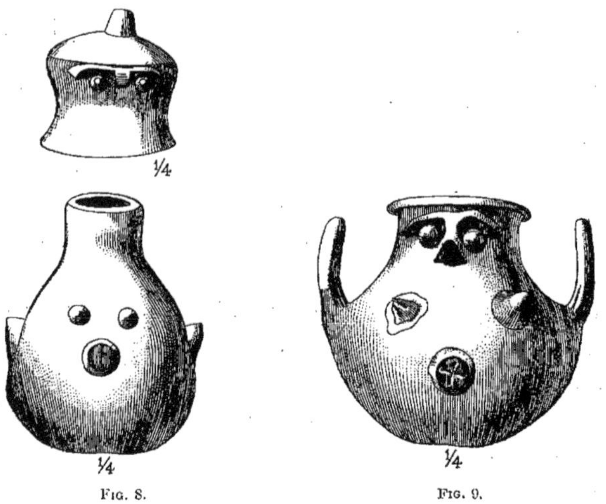

Fig. 8.   Fig. 9.

Quelques pièces de céramique ont attiré plus spécialement l'attention de M. Schliemann. Ce sont des vases formés de deux pièces, dont l'une constituant le corps de ces vases, offre des proéminences paraissant se rapporter à des mamelles et à un nombril, puis deux appendices latéraux qui semblent figurer deux bras ; l'autre partie, s'ajuste sur le col de la première pour la fermer et représente une tête d'oiseau (fig. 8 et 9). M. Schliemann croit pouvoir retrouver dans ces figures, dont sont ornés un très-grand nombre de vases, des images d'une déesse à tête de chouette, laquelle serait selon lui la Minerve primitive, dont le souvenir se serait conservé dans le nom qu'Homère donne encore à Minerve de *déesse Glawkôpis*, c'est-à-dire aux yeux de chouette.

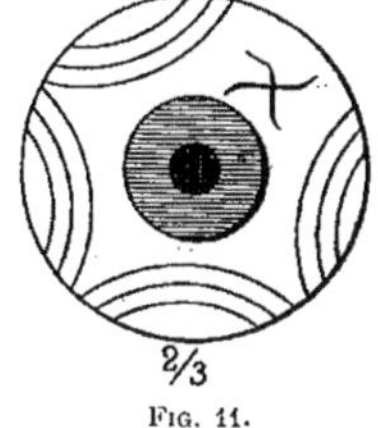

Fig. 10.

Je ne puis pas discuter la valeur de cette attribution, mais je rappellerai que M. Ravaison a essayé d'en montrer la vraisemblance, car la chouette se trouve au revers de certaines monnaies d'Athènes.

Cette représentation se retrouve figurée d'une manière plus ou moins grossière sur beaucoup de fusaïoles et de petites idoles en terre ou en pierre découvertes à Hissarlik (fig. 10).

⅔

Fig. 11.

Parmi les autres débris de céramique, plusieurs ont le plus grand rapport avec ceux qui ont été trouvés à Santorin, à Milo, à Chypre, à Rhode et en Étrurie. Sur quelques-unes de ces pièces on rencontre, ainsi que sur certaines fusaïoles, la croix, la roue et le signe appellé *swastika*. Ce mot, qui est sanscrit, désigne une sorte de croix dont les quatre bras sont coudés (fig. 11 et 12).

Fig. 12.

Plusieurs fragments de poteries des palafittes du Bourget offrent aussi des *swastika* ; on en signale aussi sur des objets en métal de l'Étrurie.

M. Burnouf a fait remarquer l'origine essentiellement indienne de ce signe : le Ramâyanâ le place sur le navire de Râma; il se trouve sur une foule d'édifices bouddhiques; c'est un des signes que les sectateurs de Vichnou se tracent sur le front comme le faisaient les premiers chrétiens.

Quant aux représentations d'animaux plus ou moins distinctes dont sont ornées fréquemment les poteries et les fusaïoles d'Hissarlik, et si bien étudiées par MM. Schliemann et Burnouf, je ne puis que sommairement indiquer quelques rapprochements avec celles de nos palafittes : ainsi, les petites idoles en terre de formes humaines, les vases et les lampes affectant les formes de divers animaux se rencontrent assez fréquemment dans les cités lacustres du Bourget comme à Hissarlik.

Ces rapports, sur lesquels je me propose d'insister plus tard, démontrent déjà l'origine commune de cette civilisation, et les conséquences que l'on pourra en tirer aideront peut-être les archéologues à se guider dans les ténèbres de ces temps reculés.

De même que cela a lieu en Europe, peu à peu la lumière se fera en Orient sur ces temps légendaires; la fable enveloppait le plus souvent les faits les plus simples, et chaque fois que des fouilles sérieuses ont été entreprises, on a vu les récits se modifier et les choses ramenées à des proportions réelles.

Que n'a-t-on pas dit sur les dolmens? sur les druides allant cueillir le gui sur le chêne, la serpe d'or à la main? De combien de légendes curieuses ne sont pas gratifiés le plus grand nombre des lacs où on a rencontré des palafittes? L'origine et la destination de la plupart des ustensiles préhistoriques de nos pays n'ont-elles pas été l'objet de récits fort extraordinaires?

Quelle foi, du reste, peut-on avoir dans les récits d'Homère sur cette antique cité? Le poëme date probablement du neuvième ou du dixième siècle avant notre ère, tandis que certaines antiquités trouvées à Hissarlik, des vases entre autres, analogues à ceux qui ont été retirés des ruines de Santorin, dateraient, d'après M. de Longperrier, du dix-septième siècle avant notre ère. Suivant une observation de cet archéologue, rappelée par M. Burnouf, la forme des vases de Santorin serait représentée sur le tombeau de Rekhmara, parmi les présents offert à Thoutmès III, qui régnait à cette époque lointaine.

Cette note était composée, lorsque j'ai reçu de M. Schliemann une lettre, par laquelle il affirme de nouveau que la civilisation de l'âge de la pierre a été, à Hissarlik, postérieure à celle des métaux. Il sera certainement intéressant pour les lecteurs de connaître ce document.

Athènes, 29 décembre 1873.

Monsieur,

Je vous remercie beaucoup pour les précieux renseignements que vous avez bien voulu donner à M. Burnouf sur les analyses de M. Damour de mes *Armes troyennes*. Mais votre opinion sur un âge de pierre à Troie est contredite par les faits que j'ai mis sous vos yeux. Les couches de décombres de l'âge de pierre devraient nécessairement se trouver tout en bas, sur le sol vierge et au-dessous de toutes les autres couches de ruines. Mais il n'y a rien de cela. Comme j'ai eu l'honneur de vous l'expliquer plus d'une fois, les signes de civilisation augmentent dans le site de Troie avec la profondeur, et justement les plus belles poteries sont entre 10 et 15 mètres au-dessous du sol; les vases y ont toujours deux tuyaux de chaque côté et dans la même direction un trou dans l'orifice pour être suspendus au cordon; toutes les jattes ont de longs tuyaux horizontaux de suspension. Ces terres cuites, tant par leur qualité que par leurs ornements, dépassent de beaucoup tout ce qu'on trouve dans les couches de débris des nations suivantes; parmi ces ornements gravés et remplis d'argile blanche on trouve représenté le *swatika* et la tête de chouette, ce qui prouve que cette première nation était de race arienne. J'y ai trouvé une cinquantaine de broches d'habits, un couteau de bronze ou cuivre doré, une très-belle broche de cheveux en argent et bien une centaine de beaux ciseaux, haches et autres instruments en pierre.

Je vous jure que les décombres de cette couche énorme, de 4 à 6 mètres d'épaisseur, ne sont pas le moins du monde entremêlés avec ceux des véritables Troyens entre 10 et 7 mètres sous terre, car je n'ai jamais trouvé dans ces couches la moindre trace de la belle poterie des premiers habitants, je n'ai pas trouvé non plus chez ceux-ci la moindre trace de terre cuite troyenne. J'ai trouvé chez les Troyens *au moins* vingt fois *plus* d'instruments en pierre, surtout en diorite, que chez la première nation, et peut-être aussi au moins vingt fois plus de terres cuites, mais tout à fait d'un autre genre. De même, l'architecture est parfaitement différente chez les deux peuples ; car, chez les premiers habitants, toutes les maisons sont bâties de pierres jointes avec de la terre ; chez les Troyens seulement, les grands monuments, comme la tour, les murailles de ceinture, les portes Scées et le Palais royal ont cette architecture, toutes les autres maisons sont de briques crues. Dans cette couche, j'ai trouvé, à 8 mètres et demi de profondeur, le trésor royal et la plupart des armes et instruments en cuivre. Mais j'ai trouvé aussi des ornements d'or chez la première nation, et vous devez vous rappeler le crâne d'une femme, trouvé à 13 mètres de profondeur, avec une bague, trois boucles d'oreille et des perles.

Chez les Troyens, vous voyez une ville comme Pompéï ; il semble qu'il n'y a pas une seule maison dont il n'y ait le squelette ; dans presque toutes les maisons les pavés sont intacts ; toutes les urnes funéraires et tous les grands vases et toutes les idoles sont debout. Il est donc impossible qu'il y ait mélange. Entre 7 et 4 mètres de profondeur, vous voyez un peuple tout à fait différent, car l'architecture de toutes les maisons est de petites pierres jointes avec de la terre. Je croyais, au commencement, en effet, avoir découvert chez cette nation l'âge de pierre, car j'y trouvais par milliers des instruments de pierre ; les ciseaux de diorite seulement sont excellemment travaillés, tous les autres instruments sont très-rudes ; il y a des instruments en cuivre, mais ils sont rares. De plus, toutes les terres cuites montrent une grande infériorité en comparaison avec celles des Troyens. Pourtant la plupart des types des poteries s'est conservée chez cette nation, qui était de souche arienne, de même que chez les Troyens ; car on y trouve en masse le *swatika* et la chouette. La nation dont dérivent les décombres entre 2 et 5 mètres de profondeur semble avoir eu des maisons en bois, car les pierres manquent et il n'y a pas de traces de mur. Sauf les poids et de rares meules de lave, je n'ai en général pas rencontré d'instruments en pierre chez cette nation. J'en ai pourtant trouvé une *masse énorme* immédiatement au-dessous du temple de Minerve ilienne de la colonie grecque. Je suis disposé à croire que, pour niveler le terrain de ce site, on a enlevé une couche de terre de 2 mètres d'épaisseur ; je le crois d'autant plus qu'immédiatement au-dessous de ce sanctuaire, c'est-à-dire à 2 mètres de profondeur, je trouve déjà les terres cuites que je ne trouve ailleurs qu'à 4 mètres de profondeur — Entre 20 mètres de profondeur et la surface sont des couches de la colonie grecque. Vous devez vous rappeler que je vous ai montré une masse de terres cuites de la *première* nation, et, entre autres, toute une caisse remplie de tessons d'un magnifique noir luisant...

Recevez, monsieur, etc.

FIN